BOOK OF MINUTES

BOOK OF MINUTES

Gemma Gorga

Translated from Catalan by Sharon Dolin

Oberlin College Press
Oberlin, Ohio

Poems from *Llibre dels minuts* copyright © 2006 by Columna Edicions, Barcelona. Used by permission.

The FIELD Translation Series, vol. 34
Oberlin College Press, 50 N. Professor Street, Oberlin, OH 44074
www.oberlin.edu/ocpress

Cover image: Detail from the apse of Santa Maria d'Àneu, now in the Museu Nacional d'Art de Catalunya in Barcelona.
Cover and book design: Steve Farkas.

Library of Congress Cataloging-in-Publication Data

Names: López, Gemma, author. | Dolin, Sharon, translator.
Title: Book of minutes / Gemma Gorga ; translated by Sharon Dolin.
Other titles: Llibre dels minuts. English
Description: Oberlin, Ohio : Oberlin College Press, [2019] | Series: The
    FIELD Translation Series ; vol. 34 | Includes bibliographical references.
Identifiers: LCCN 2018051642| ISBN 9780997335552 (paperback : alk.
    paper) | ISBN 0997335556 (paperback : alk. paper)
Subjects: LCSH: Prose poems, Catalan—21st century—Translations into
    English.
Classification: LCC PC3942.417.O74 L5313 2019 | DDC 849/.916—dc23
LC record available at https://lccn.loc.gov/2018051642

Contents

Contents

A Little World Made Cunningly:
Translator's Introduction

Imagine a book of hours condensed into a book of minutes: That is the modest project of these dense, lyrical, oneiric, impersonal yet personal, prose poems. They locate the metaphysical within the domestic, moving seamlessly from philosophical speculation to aphorism to condensed narrative to brief love letter to prayer. In the space of one or two paragraphs they openly think about language, about existence, about beginnings and endings, both large and small; not afraid to talk about God or love, their leitmotif might well be *light*.

Gemma Gorga is a contemporary poet writing in Catalan, a Romance language with over seven million speakers, mostly in the Catalonian region of Spain. Her poetic influences, however, know no borders. One hears a dazzling array of echoes in her poems: Wallace Stevens, Rainer Maria Rilke, Hans Christian Andersen, Francis Ponge, George Herbert, and Emily Dickinson. Yet *Book of Minutes*, consisting of sixty numbered prose poems of mostly one (deceptively simple) paragraph, feels very 21st-century in its range of diction: in one breath a poem talks about the soul, in the next, about diopters or benzodiazepine. In the space of a few sentences, or phrases, each prose poem creates a tiny world, a microcosm, a reader is always reminded, that is constituted by words—even individual letters.

There is a tradition of—and a great charm to—a small collection of prose poems. Charles Baudelaire's *Twenty*

Prose Poems, translated by Michael Hamburger, has been in my possession since 1970. I prize it the way I prize the little book of Franz Kafka's *Zürau Aphorisms*, translated by Michael Hofmann, and Charles Simic's collection of antic prose poems *The World Doesn't End*. In their naming of walnut-sized, gnomic truths and in their lightness of touch, Gorga's prose "minutes" most closely resemble Jane Hirshfield's lineated "pebbles."

*

Gemma Gorga was born in 1968 in Barcelona. She received a Ph.D. in Spanish Language and Literature from the University of Barcelona, where she currently teaches Medieval and Renaissance Literature. She is the author of six collections of poems as well as critical books on such subjects as Ovid in the Renaissance and a trio of authors: Miguel de Cervantes, Elias Canetti, and Bohumil Hrabal; she is also the co-author of a book on natural cuisine. She has translated from English into Catalan a book by the Indian poet Dilip Chitre and co-translated a selection of Edward Hirsch's poetry.

Book of Minutes, her fourth book, remains her only collection of prose poems. In this sense, it is an anomaly within her poetic oeuvre. What is the elusive magic that seems to draw me—and others—to this little book of prose poems? Is it their modest understatement? Their aphoristic concision? In her native Catalonia, *Llibre dels minuts* has been singled out for praise and attention, winning the Miquel de Palol prize in 2006, its year of publication, and in 2007 inspiring the Catalan artist Pere Salinas to create a 128-page artist's book, using ink and acrylic paint.

*

"Chance is powerful everywhere," writes Ovid in *The Art of Love*. By chance, I first encountered and fell in love with a handful of Gemma Gorga's prose poems translated by Anna Crowe in the British anthology *Six Catalan Poets*, edited by Pere Ballart, while I was an artist-in-residence at Jiwar: Barcelona International Residence for Artists, in December 2013. She was the only woman in the anthology, and the prose poems so captivated me that I immediately went in search of the entire sequence, *Llibre dels minuts* (Columna, 2006). I wanted to read them all, which I knew meant translating them. I also wanted to share my discovery of *Book of Minutes* with other American readers in an American idiom. The original edition was out of print and the only edition I could locate was a Catalan/Spanish bilingual edition that also included selected other poems: *Libro de los Minutos y Otros Poemas*, translated by V. Berenguer.

A novice translator, I came to this work as a poet with a genuine passion for these prose poems. I first contacted Gemma Gorga in March 2015 for permission to translate them. Then, beginning with a limited knowledge of Catalan along with a greater facility in several other Romance languages (Italian, Spanish, and French), I created drafts that I emailed to the poet, whose good grasp of English enabled her to comment on my translations—to elucidate places where I was puzzled or had gone off track. Bolstered by her comments, I worked on making them into poems in English. Given that these are prose poems, the challenge I encountered in translating *Book of Minutes* was to follow the rhythms and patterns of repetition in the Catalan wherever possible, as well as to adhere to a principle of concision. I consulted with Gorga over ambiguous phrasing, though my goal has been to recreate in English their elusive mixture of opacity and gemlike precision (Gemma means *gem* in Catalan). There were many occasions, in fact, where what struck me as strange when translated into English was, the poet reassured me, strange in Catalan.

I also had to be faithful to the different registers in her work; within the same poem, even the same sentence, Gorga's language might switch from the personal to the scientific to the religious. In Poem #36, for example, after establishing a personal voice, the intimacy of a couple's memory ("Do you remember the seraphim in that Romanesque fresco we were looking at…"), in the next sentence Gorga, always a 21st-century poet, mentions the science of the fresco's decomposition while maintaining the intimate address, and in the next breath she transforms personal memory into a visionary moment:

They [seraphim] looked straight at us, hands outstretched,
as if they refused to die under the effects of depigmentation
that was erasing them from the kingdom of light.

*

Gemma Gorga and I finally met in person in the garden of Jiwar, located in the Gràcia district of Barcelona, in early June of 2015. I had just finished teaching a ten-day poetry workshop there, where I had invited her to be our guest poet, reading her poems in Catalan and English translation and conversing with my students. Gemma is a diminutive person with short graying hair, a clear, open gaze, and a gentle voice quick to flare with laughter. Now she and I found ourselves having a tête-à-tête that lasted for several hours in the late afternoon, as we poured over my translations-in-progress. In this conversation, Gorga revealed that she felt daunted by the prospect of writing a book of hours, and so she settled on a book of minutes. This genuine modesty in her person as in her poems accounts in part for what continues to draw me to her work. As a humble, understated book of hours, these prose poems evoke the meditative quality of prayer, though they display an equal devotion to words themselves: one prose poem hinges on the resonances of the word *jingle-bell* (*cascavell*). No wonder in an interview in 2015 she says, "The dictionary is one of my inexhaustible sources of inspiration."

*

Gemma Gorga summed up her poetics of discovery in a 2012 interview: "For me, poetry is a tool that opens things up and excavates, and a light that guides me into corners that I don't know." She does not write poetry as a means of self-expression, though it may be a byproduct of her work, but as a way to discover something in the process of writing that she'll get to "glimpse," and not necessarily pin down. In this volume, Gorga uses the prose poem as the very site of exploration—of the self, of the cosmos, of language, of time, and of relationships.

Likewise, my approach to this translation project has been one of discovery. As I was translating these diminutive poems, they opened up a world for me—even worlds within worlds: like "a magic box lined with mirrors," as Gorga writes in one poem, "You open it and from inside, out comes another." In that sense, they are inexhaustible, as all poems and prayers should be. Their ambition is to achieve the impossible with an economy of means, in the words of William Blake, to "Hold Infinity in the palm of your hand." The whole time I spent translating these elusive, deceptively simple poems, I felt like a tightrope walker, attempting to pin down meaning, like gravity, but also to allow the feeling of the ineffable—so palpable in these poems—to float above my arms. My hope is that these translations will provide the reader with enough light to discover a world—even worlds—they did not yet know.

Sharon Dolin

Book of Minutes

Book of Mirrors

And how is it possible not to know so much?
—Alejandra Pizarnik, *Extracting the Stone of Madness*

1

Sèiem al voltant de la taula. De vegades, érem tretze a compartir aquella llum que se'ns trencava entre els dits, prima com pa àzim. De vegades, érem només dos, possiblement tu i jo, o només les nostres ombres que tenien gana. De vegades, seia una sola persona i amb els dits temptejava la fusta, com qui busca el plat tebi on escumeja la claror.

Fins que un dia vam saber de la mort gairebé per atzar, com si es tractés d'un joc: cada vespre quedaven menys cadires disposades al voltant d'aquella taula. Cansats i envellits, però, encara corríem per assegurar-nos un seient, per arrabassar-li a la vida l'últim rosegó de llum.

1

We sat around the table. Sometimes there were thirteen of us sharing the light breaking through our fingers, as thin as unleavened bread. Sometimes we were only two, possibly you and I, or just our hungry shadows. Sometimes a single person sat with fingers probing the wood, like someone seeking the warm bowl of foaming light.

Until one day we found out about death, almost by chance, as if it were a game: every evening there were fewer chairs arranged around that table. No matter how tired and old, we still ran to make sure of a seat, to seize from life the last morsel of light.

2

És una casa vella, a muntanya, amb portes que grinyolen i amb una humitat que l'envolta tothora, com un drap de cuina xop de vinagre. També té aranyes que semblen fetes de tela metàl·lica, calaixeres desmarxades que costen d'obrir, racons on mai no hi arriba l'escombra, una xemeneia de cendra cansada. De quina manera podria parlar d'una casa que és alhora tantes cases? Mira-la, sembla una capsa màgica entapissada de miralls: l'obres, i de dins en surt una altra; l'obres, i de dins en surt una altra; l'obres, i de dins en surt una altra. Potser per això diuen que les cases són com les persones.

2

An old house in the mountains, with squeaky doors and a humidity that blankets it day and night, like a kitchen towel soaked in vinegar. There are also spiders that seem to be made of wire mesh, rickety drawers that are difficult to open, corners where a broom never reaches, a fireplace of tired ash. How is it even possible to speak of a house that is, at the same time, so many houses? Look at it; it resembles a magic box lined with mirrors: You open it and from inside, out comes another; you open it and from inside, out comes another; you open it and from inside, out comes another. Perhaps that is why they say houses are like people.

3

Neva com en els contes. És a dir, suaument, calladament, com si fondre's en la caiguda fos el destí natural de tot moviment. Giren els flocs sobre l'eix de l'abandó, giren lents, giren blancs, giren com dervixos ebris d'amor davant el gir universal. Ni ha començat a nevar ni deixarà de nevar. Quan el temps desapareix, queda només el ritme.

3

It is snowing, the way it does in fairy tales. That is to say, gently, quietly, as if melting into falling were the natural fate of all movement. Flakes turn on the axis of abandon, turn slowly, turn white, turn like dervishes drunk on love before the universal turning. It has not begun snowing, nor will it stop snowing. When time disappears, only the rhythm remains.

4

¿Pots dibuixar un gat sense aixecar el llapis del paper—
l'orella, la corba tèbia del llom, la blanor del ventre, el nas,
novament l'orella—? ¿Pots cartografiar les constel·lacions
de l'hemisferi nord sense aixecar el dit del cel, anar d'An-
dròmeda a Cassiopea, de Cassiopea a l'Óssa Major, i tornar
a Andròmeda sense que es trenqui el fil? Al capdavall, així
és la vida, un passatemps, un passar el temps que requereix
la màxima habilitat per fer-la sencera d'un sol traç. Per molt
que la mà se t'entumeixi de fred i desemparança, recorda't
de no aixecar el llapis.

4

Can you draw a cat without lifting pencil from paper—ear, warm curve of back, soft belly, nose, ear once more? Can you map the constellations of the Northern Hemisphere without lifting your finger from the sky: go from Andromeda to Cassiopeia, from Cassiopeia to the Big Dipper, and return to Andromeda again without breaking the thread? After all, that's life, a pastime, passing the time, which requires the utmost skill to do it all with a single stroke. Though your hand grows numb with cold and desolation, remember not to lift the pencil.

5

Col·loco el silenci en una gerra transparent al bell mig de la taula i l'esponjo delicadament amb els dits, com si fos una cabellera dolça. L'oloro fins a fregar l'última arrel de l'alè, el cau argilós dels alvèols. Sé que vaig per bon camí quan em punxo amb una espina i de la boca no en surt cap crit.

5

I collect silence in a transparent jar that sits in the middle of the table, and fluff it gently with my fingers as if it were a silky clump of hair. I sniff it down almost to the last breath, clay lair of the alveoli. I know I am on the right track when I pierce myself with a thorn and my mouth does not cry out.

6

Tot és a punt, esperant que arribis per començar a existir: els plats a taula, la brillantor nocturna a les copes, l'escalfor als coixins, la cera fonent-se com sucre cames avall. La imminència és un penya-segat per on ara em passejo de puntetes, la respiració continguda, sabent que d'un moment a l'altre sonarà el timbre i m'estimbaré en el pur present de tu, com una daina delerosa de dard veloç. Però encara no. Encara passadís amunt i avall, encara endreçarse els cabells, encara la lentitud audible del rellotge, encara aquesta espera que podríem definir com a químicament pura.

6

Everything is ready, waiting for you to come into existence: dishes on the table, nightglow on the glasses, heat on the pillows, candle wax melting like sugar down legs. Imminence is a cliff where I now skirt the edge, holding my breath, knowing that, from one moment to the next, the bell might ring and I will rush into the pure presence of you, like a doe desirous of the speeding dart. But not yet. Still pacing up and down the corridor, still fixing my hair, still the audible lassitude of the clock, still this waiting we might define as chemically pure.

Quan era petita, li agradava tapar el vidre de la llanterna amb la mà i mirar a contraclaror el perfil borrós dels dits, d'un vermell aigualit, els ossets quiescents com crisàlides, la seda blanca de la pell. Constantment aquell desig que la llum li travessés la carn i li arribés ben endins del cor, com si tota ella fos un fanalet xinès de paper fi. Amb els anys va entendre, però, que al centre de la rosa sempre és de nit.

7

When she was little, she liked to cover the glass lamp with her hand and look at her fingers' blurry outline against the glow (a watery red), at the small bones still as chrysalises, at the white silk of her skin. Always that desire: that the light would pierce her skin and go deep inside her heart, as if all of her were a Chinese lantern, paper-thin. As time passed, she came to see: in the center of the rose it is always night.

8

Un dia senzill, un dia transparent, un dia unicel·lular, un dia
fet només de vocals, un dia que hi cap al palmell de la mà,
un dia que no cantarà quan mori. Un dia, simplement, sense
conseqüències previsibles.

8

A simple day, a transparent day, a unicellular day, a day composed only of vowels, a day that fits in the palm of your hand, a day that will not sing when it dies. One day, simply without foreseeable consequences.

9

Cada nit, quan apago el llum, es vessa la copa espessa de la consciència i el món s'acaba amb mi. A les fosques, prego a déu que s'apressi a inventar un llibre circular, un llibre que enllaci el final amb el començament, un llibre que prometi un nou gènesi després de cada apocalipsi.

9

Every night, when I turn off the light, the heavy glass of consciousness is spilled and the world ends with me. In the dark, I pray God hurries to invent a circular book, a book that links the end to the beginning, a book that promises a new genesis after each apocalypse.

10

Protegits rere uns vidres per a vista cansada, mirem d'esma com plou damunt la mar, gotes blanques que cauen i desapareixen amb una lleu efervescència d'aigua oxigenada. La ceguesa pot ser produïda per un excés de llum o per un excés de foscor. També, per un excés de voluntat—no voler veure-hi, per exemple—. ¿És per això que cada vegada ens calen més diòptries per apreciar el perfil rotund de l'amor quan s'interposa entre el desig i la mirada?

10

Protected behind glasses for tired eyes, we look out reflexively at the rain on the sea, at white drops that fall and disappear with the slight fizz of hydrogen peroxide. Blindness can be caused by an excess of light or an excess of darkness. Also by an excess of will—not wanting to see, for example. Is that why each time we need more diopters to appreciate love's absolute profile when it is interposed between desire and the gaze?

11

Si mai hi has parat esment, hauràs vist que a finals d'octubre les fulles cauen de molt amunt, de més enllà dels arbres i els terrats, allí on s'acaba la corba blava de l'atmosfera i es condensen les primeres gotes de claror. Cauen amb els peus plans, fent giravoltar els paraigües mig oberts de les tiges. Fulles com petites marypoppins sobre les teulades ocres del món, fulles amables, fulles que ens salven de la immobilitat amb el fraseig inacabable de la seva caiguda.

11

If you have ever stopped to consider, you may have noticed that in late October the leaves fall from on high, beyond the trees and rooftops, there where the blue curve of the atmosphere ends and the first drops of clarity are condensing. They fall with flat feet, becoming umbrellas that swing half-open from their stems. Leaves like small *mary-poppins* on the ochre rooftops of the world, gentle leaves, leaves that save us from immobility with the unending phrasing of their fall.

12

Quan sona el despertador, les primeres a obrir els ulls són les paraules, uns ulls immensos amb els quals déu ens espia. Després s'obren les portes interiors, els passadissos estrets per on avança la llum matinal com un riu d'aigua fresca. L'ordre és lleugerament alterable: ara no podria precisar si s'obren primer els pètals o les campanes, si s'obre primer el meu amor per tu o el teu amor per mi, la dolça sincronia del despertar conjunt. Tot allò que és viu acaba obrint-se, com un pressentiment: les taronges sobre el marbre, el color sobre la matèria, la papallona sobre el perfil, la rosa sobre el coll, el cos sobre el cos. Per què parlar de futur? L'amor no és una línia recta traçada amb llapis sobre el calendari: ni anar, ni arribar, ni avançar. Simplement, obrir-se en cercles delicats, tu la pedra, jo l'aigua.

12

When the alarm goes off, the first ones to open their eyes are words, immense eyes God uses to spy on us. Afterwards, the inner doors open, narrow hallways where morning light advances like a fresh-water rivulet. The rest of the order is slightly variable: now, I cannot tell whether petals or bells open first, whether my love for you or your love for me opens first, sweet synchronicity of awakening together. Sooner or later everything alive will open, like a premonition: oranges on the marble countertop, color on matter, the butterfly unfurling in profile, rose flush on the neck, body opening over body. Why talk about the future? Love is not a straight line drawn in pencil on the calendar: neither going nor arriving nor advancing. Just to open ourselves in delicate circles: you, stone—I, water.

13

Pesaven el cos uns minuts abans de morir. Pesaven el mateix cos uns minuts després de morir. Una simple sostracció matemàtica els havia d'indicar el pes de l'ànima. Hi penso, ara, mentre sostinc el llibre nou entre les mans, les paraules encara untoses com les plomes d'un ocell nascut de poc. I em pregunto si, un cop llegit, també pesarà menys. Com un cos quan perd l'ànima.

13

They weighed the body a few minutes before death. They weighed the same body a few minutes after death. They used simple arithmetic—subtraction—to determine the weight of the soul. I ponder it now, while holding this new book in my hands, the words still slick like the feathers of a newly hatched bird. I wonder if, once read, it too will weigh less. Like a body when it loses its soul.

14

Els objectes adquireixen aquest vespre la cortesia del significat. S'entreguen amb gentilesa, es dilaten en espirals diàfanes des del centre d'una interior galàxia. Avui, basta mirar per comprendre: la taula, el sopar amic, la rotllana de llum damunt les tovalles, el gust de l'aigua després de la paraula exacta, la dolçor flotant de la fruita madura, el grapat d'ametlles silencioses com portes. Vet aquí un món de dimensions precises on encaixar sense dolor, com si per unes hores els ossos haguessin desaparegut i l'alegria d'existir fos amanosa i flonja com un invertebrat.

14

This evening, objects bestow their meaning upon us. They surrender themselves gently, expand in diaphanous spirals from the center of an interior galaxy. Today, looking is understanding: the table, the friendly dinner, the circle of light on the tablecloth, the taste of water after the exact word, floating sweetness of ripe fruit, handful of almonds silent as doors. Here is a world of precise dimensions where you can fit in painlessly, as if your bones had disappeared for a few hours and joie de vivre were as pliable and soft as an invertebrate.

15

La meva son té les mànigues llargues i desmaiades d'un pijama a ratlles. Dormia tranquil·la, arraulida als peus de la nit, quan els lladres han saltat ànima endins i s'han endut la possibilitat de despertar. Ressona el trot hostil d'un cavall que no troba el camí, les passes de tots aquells que s'inclinen sobre el meu rostre sense llavis per besar-me. L'únic blau que em resta és el d'aquesta benzodiacepina que respira feixugament damunt la tauleta, al costat d'un got buit, ja sense aigua a les venes.

15

My sleep has the long, faint sleeves of striped pajamas. I was sleeping quietly, huddled at the foot of night, when thieves leapt over my soul and carried off the possibility of my awakening. There echoes the harsh trot of a horse that has lost its way, footsteps of all those without lips who lean over to kiss me. The only blue I have left is this benzodiazepine that breathes heavily on the nightstand, next to an empty glass already without water in its veins.

16

Plou, sense voler. Com qui de vegades fa mal, també sense voler. Així doncs, plou, i quan plou el temps és sempre a punt de perdre l'equilibri, potser per culpa d'aquestes fulles que s'escampen per terra, l'esquena mullada i la carn transparent a punt de la desaparició. En trepitjo una i rellisco en el passat amb el gest fugaç de l'el·lipsi. Ara és fa tres anys, tres anys, tres anys: caminem per aquesta mateixa avinguda sota la pluja groga dels fanals, les gotes obliqües com la mirada d'un covard. I jo m'agafo ben fort a la màniga de la teva trenca de llana. Perquè tinc por, por de relliscar i caure prematurament en el futur.

16

It is raining, without meaning to. The way sometimes you hurt someone, also without meaning to. So it rains, and when it rains, time is always about to lose its balance, perhaps because of these leaves scattered on the ground, with their soaked backs and their transparent skin about to disappear. Treading on one, I slip into the past with the fleeting gesture of the ellipse. Now, it is three years ago, three years, three years, we are walking this same avenue under the yellow rain of streetlights, drops as slanted as a coward's gaze. And I grab hold of the sleeve of your woolen trench coat. Because I am scared, scared of slipping and falling prematurely into the future.

«Esfera petita de metall, buida, amb una boleta dins que la fa ressonar al més petit moviment.» Com qualsevol altre llibre, també el diccionari està escrit en primera persona del singular. Cada pàgina parla de mi, cada paraula ha estat escrita pensant en mi—una definició per a la indefinició, un ordre per al desordre—. Ho he comprès mentre llegia l'entrada de *cascavell*, i l'univers sencer ressonava com una boleta a dintre meu, com si jo també fos una esfera de metall. Brillant, i buida.

17

"Small, hollow, metal sphere with a little ball inside that causes it to resonate at the slightest movement." Like any other book, the dictionary is also written in the first person singular. Each page about me, every word written, thinking of me—a definition for the indefinite, order for the disorder. I understood it while reading the entry for *jingle-bell*, the entire universe resonating inside me like a little ball, as if I, too, were a metal sphere. Bright and hollow.

18

Obro la còmoda i trobo la definició de *tendresa* per la lletra
m: els *mocadors* amb les inicials brodades, olor d'espígol, ben
planxats i plegats en quatre com es plega la llum cada nit en
els quatre punts cardinals. Obro els calaixos i regiro els ob-
jectes per tal de trobar-los quan no els busqui, per tal que la
sorpresa m'estrenyi contra el seu pit immens d'àvia bonda-
dosa.

18

I open the dresser drawer and find the definition of *tenderness* under the letter *h*: *handkerchiefs* with embroidered initials, lavender scented, well pressed and folded in quarters, the way light each night is folded into the four cardinal points. I open drawers and turn over objects so that I find them when I'm not looking for them, so that the surprise bear-hugs me against grandma's generous chest.

19

De nit, les preguntes són fosforescents i ens miren amb els seus ulls de gat. Fosforescents com ossos soterrats. I com els ossos, dures, estranyes i persistents enllà de les respostes.

19

At night, questions are phosphorescent and are watching us with their cat's eyes. Phosphorescent as buried bones. And like bones, hard, strange, and persisting beyond answers.

20

La primera llum del dia entra per la finestra i el mirall s'obre amb delicadesa, com una bíblia de pàgines gairebé transparents. Descalça, em llevo del llit i m'hi acosto amb la intenció de llegir-me. Ja ho diuen, però, que l'ull no pot mirar-se a si mateix, ni la lletra pronunciar-se a ella mateixa—les rajoles, tan fredes, semblen fetes del mateix material que el silenci—. Me'n torno al llit i m'arrauleixo sota el plomissol tebi de la teva son. Quan et despertis, mira'm des dels teus ulls, pronuncia'm des dels teus llavis, digue'm qui sóc des del teu ser.

20

First daylight enters through the window and the mirror opens up delicately, like a bible with its almost-transparent pages. Barefoot, I get out of bed and draw near it, intending to read myself. As you well know, the eye cannot watch itself, nor can the letter pronounce itself—the tiles are so cold they seem made of the same substance as silence. I go back to bed and nestle under the warm down of your sleep. When you wake up, look at me from your eyes, pronounce me from your lips. Tell me who I am apart from who you are.

Reculls del terra la flor lila de la xicranda, l'olores, li obres les portes de la benvinguda, vas llançant pètals al riu calmós de les venes. Possiblement, ara et vénen al cap aquells altres *jacarandás* de Lisboa que ahir llegíem en un llibre d'Eugénio de Andrade—*não sei doutra glória, doutro / paraíso: à sua entrada os jacarandás / estão em flor, um de cada lado*—. Aspires la flor de la xicranda fins al fons del poema. I quan de nou aixeques les parpelles per mirar-me, els teus ulls són de color natzarè.

21

You pick up the jacaranda's lilac flower from the ground, you sniff it, open the front doors in welcome, and go flinging petals to the calm veins of the river. Now, perhaps those other jacarandas of Lisbon come to mind, which, yesterday, we read about in a book by Eugénio de Andrade (*I do not know of another glory, another / paradise: at your entrance, the jacarandas / are in bloom, one tree on either side*). You inhale jacaranda till the end of the poem. And when you raise your lids to look at me, your eyes are Nazarene in color.

22

Entre les branques baixes del bardissar mai no s'hi ha amagat cap llop. El llop és a l'interior de la cistella que ara balanceges com una nena descurada, amunt i avall, amb moviments rítmics; emboscat a dins del cor, sístole i diàstole, amb moviments rítmics; al centre del temps, tic i tac, amb moviments rítmics. No ho vols saber. Tapes la tarda amb unes tovalles de quadrets i escampes damunt les flors un regalim de mel per fer veure que el món neix i creix sota la consigna del final feliç. Mira-t'ho pel cantó positiu: de què hauries de tenir por, si vius a casa de la por?

22

There was never any wolf hidden among the lower branches of the thicket. The wolf is inside the basket you are now swinging like a carefree girl, up and down, moving rhythmically; ambushed inside the heart, systole and diastole, moving rhythmically; at the center of time, tick tock, moving rhythmically. You would rather not know. You cover the evening with a checkered tablecloth and sprinkle a gift of honey on the flowers to make it appear as though the world is born and grows under the slogan of happily-ever-after. Look on the bright side: What is there to fear, if you live in the house of fear?

23

Aixeco la persiana perquè pugui entrar la llum. Enretiro la cortina perquè pugui entrar la llum. Tanco els ulls perquè pugui entrar la llum.

23

I raise the blinds so light may enter. I part the curtains so light may enter. I close my eyes so light may enter.

24

Despulles l'aigua amb les mans, i apareix la set. Despulles la set amb la boca, i apareix la interrogació. Proves de seguir, proves de descordar la realitat botó a botó, de treure-li tota la roba fins a fregar la delícia lenta de la pell definitiva. Qui ha interposat tants vels en aquesta dansa? Facis el que facis, les mans ensopegaran amb roba, massa roba, tanta roba que et serà impossible saber què és cada cosa més enllà de la definició cansada del diccionari.

24

With your hands you strip water, and thirst appears. With your mouth you strip thirst, and questioning appears. You try to follow, intent on unfastening reality button by button, to undress completely until you stroke the slow delight of real skin. Who has interposed so many veils in this dance? Whatever you do, your hands will fumble through clothes, masses of clothes, so many clothes it will be impossible to tell what every single thing is beyond its tired dictionary definition.

25

Potser simplement és això. Potser déu va abocant sal en els humans amb la intenció de determinar quin és el punt de saturació, la línia per damunt de la qual ja no toleren més dolor i es precipiten al fons del recipient, sobtadament feixucs com un sac de sorra. Potser simplement sigui això, tota la història: una mesura desencertada de sal i de sorra.

25

It could be just this. It could be God goes around pouring salt into human beings, trying to determine their saturation point, the line above which they can no longer tolerate any more pain and they precipitate to the bottom of the container, suddenly heavy as a sandbag. It could be it happened just like this, throughout human history: a miscalculation of salt and sand.

26

A escola ens ensenyaven que per pregar calia primer ajuntar les mans, agenollar-se, abaixar els ulls i convertir la respiració en un fil a punt de trencar-se sota l'estrebada de la paraula. A l'horabaixa, rere els finestrals que donaven a l'any mil nou-cents setanta-quatre, les orenetes passaven xisclant, com si volguessin esquinçar la creu del cel. Elles, que en no tenir mans, ni genolls, ni paraules rebien la comunió de la llum sobre les seves petites llengües. I com que tampoc no tenien llavis, jo somreia per elles.

26

At school they taught us that, in order to pray, you first had to join your hands together, kneel, lower your eyes, and let your breathing become as fine as a thread about to break under the tug of the word. In the afternoon, beyond the windows that looked out onto the year nineteen-seventy-four, swallows passed overhead screeching, as though they sought to tear the cross from heaven. They who had neither hands, nor knees, nor words received the communion of light on their small tongues. And since they also had no lips, I smiled for them.

27

Les llàgrimes que es vessen de matinada són cantelludes com diamants tallats amb el cisell de la ràbia, el mateix cisell amb què estampo graffitis a les parets atònites de l'insomni. Lentament, però, la seda de l'alba comença a escorre's esquena avall, una mà amiga que escampa l'espuma blanca del consol entre vèrtebra i vèrtebra. I la son arriba, fora de temps. I els canaris refilen, fora de pentagrama. I el cafè xiula, fora dels rails. I algú diu *jo*, fora de mi. Despertar-se, tan a prop de desesperar-se. I haver d'enfilar-se a les bastides del vertigen sabent-se fràgil com un saltimbanqui tot fet de vidre.

27

Tears shed at dawn are sharp as diamonds cut with anger's chisel, the same chisel I use to stamp graffiti on the stunned walls of insomnia. But slowly, dawn's silk begins to trickle down my back, a helping hand that spreads the white foam of comfort between each vertebra. And sleep comes at the wrong time, and canaries chirp out of tune. And coffee whistles off key. And someone says *I*, outside myself. Waking, so close to aching. And having to mount vertigo's scaffolding, feeling as fragile as an acrobat made entirely of glass.

28

Des que vas marxar, la casa està tan desendreçada que en-
lloc no trobo la son, tot i que juraria haver-la desat entre les
coixineres. Des d'aquell dia, els objectes es deterioren a un
ritme inusitadament ràpid: s'entelen les finestres, s'escrosto-
nen les parets, es fonen les bombetes cansades de combatre
aquest desànim apegalós i dens com betum. Has d'entendre
que no sóc només jo, qui et troba a faltar: hi ha dates que
resten buides com cadires, sense ningú que s'hi assegui a ser
feliç. Cada vespre, en tornar a casa, bufo espelmes, i la tris-
tesa em diu *per molts anys*, i comparteixo un tall de pastís
amb el plat de cartró que es desfà (com si llàgrimes,
etcètera). I després m'ajec sobre les punxes rovellades de la
nit, com un faquir, amb l'esperança d'assolir la perfecta in-
sensibilitat física.

28

Since you have gone, the house is in such disarray, I cannot find sleep anywhere, though I could swear I left it between the sheets. Since then, objects are deteriorating at a very rapid pace. Windows fog up, walls chip, light bulbs melt— tired of combatting this dispiritedness, sticky and dense as bitumen. You have to understand, I am not the only one missing you: there are dates as empty as chairs, where no one can sit down and feel happy. Every evening, after re-turning home, I blow out candles and sadness says *Happy Birthday,* and I share a piece of cake with a paper plate that gets soggy (as if soaked with tears, etc.). Afterwards, I lie down on the rusty spikes of night, like a fakir hoping to achieve perfect physical insensitivity.

29

Tot obeeix a la gravitació. Si deixes de sostenir-les entre les mans, veuràs com cauen les pomes, les hores, les ombres corcades del propi cos. De nit, mentre dormim, el cor atreu partícules microscòpiques de dolor que no saben escapar a la trajectòria d'una òrbita tancada. De matinada, la polsina del silenci es diposita a les oïdes en estrats fins d'incomprensió. Cauen els insectes que massa s'acosten al sol. Cau el cabell com cauen les llàgrimes, sense demanar permís. També els remordiments cauen verticalment sobre l'ermàs trist de la consciència. ¿Serà la felicitat l'absència de gravitació, sentir per un instant la suau indolència del núvol que no s'acaba de decidir, negar-se a la verticalitat que ens escindeix de dalt a baix com una ablació?

29

Everything obeys the law of gravity. If you stop holding them in your hands, you will see the way they fall: apples, hours, gnawed-upon shadows of your own body. At night, while we are sleeping, our hearts attract microscopic particles of pain that don't know how to escape the trajectory of a closed orbit. At dawn, the dust of silence is deposited in our ears in fine layers of incomprehension. Insects that come too close to the sun fall. Hair falls the same way tears fall, without asking permission. Even remorse falls vertically upon the sad wilderness of consciousness. Is happiness the absence of gravity: to feel for one moment the soft indolence of a cloud that has not yet made up its mind, to refuse the verticality that cleaves us from above to below like an ablation?

30

Vas deixar les sandàlies arrenglerades a l'entrada, com si la vida fos un temple hindú. I jo, que sóc incapaç de trobar la mesura exacta de la devoció, vaig deixar-hi també el camí i l'ombra del camí, vaig fer ofrena dels pètals parells i dels pètals senars, vaig posar les paraules a disposició dels éssers que viuen a la intempèrie de la mudesa. I així vaig quedar-me sense un pronom per poder dir *jo*, per poder preguntar *qui*. Al capdavall, tenies raó: mai no he distingit l'amor del fanatisme.

30

You left your sandals lined up at the entryway, as though life were a Hindu temple. While I, who am incapable of finding the exact measure of devotion, also left the road and the road's shadow. I made an offering of even petals and odd petals, positioned words at the disposal of beings that live mutely, exposed to the elements. Which left me without a pronoun to be able to say *I*, to be able to ask *who*. You were right, after all: I have never distinguished between love and fanaticism.

31

Fins que una tarda qualsevol, a l'hora de tancar, vingui la
bibliotecària i em retorni a la prestatgeria on pertanyo, al
lloc precís d'on algú em va agafar un bon dia, vés a saber per
què, potser per aprendre a traduir la tristesa a un altre
idioma, potser per estimar-me com s'estima un llibre, és a
dir, per sempre. No, per sempre no. Només fins que una
tarda qualsevol, a l'hora de tancar, vingui la mort i em
retorni a la prestatgeria on pertanyo, al lloc precís d'on algú
em va fer néixer un bon dia, vés saber per què.

31

Up until a certain afternoon, at closing time, the librarian may come and return me to the shelf where I belong, the precise place where someone grabbed me one fine day, who knows why, perhaps to learn to translate sadness into another language, perhaps to love me as a beloved book—that is, forever. No, not forever. Only up until a certain afternoon, at closing time, when death may come and return me to the shelf where I belong, the precise place where someone gave birth to me one fine day, who knows why.

32

El vent aixeca la faldilla a les margarides i el món comença
a rodolar cap per avall. És evident que les fades són totes
rosses i viuen amagades a la punta del tacte—les mar-
garides, que ho saben, han esclafit el riure—. Per què tanta
resistència a la felicitat? D'acord. La llum, el gir, el vol: vet
aquí els tres desitjos.

32

The wind lifts the daisies' skirt and the world begins to tumble upside down. It is obvious that all fairies are blonde and live hidden at the point of contact—the daisies, knowing all about it, have broken into laughter. Why so much resistance to happiness? All right. Here are my three wishes: Light. Spin. Flight.

33

Desparo taula, plego les tovalles de cotó amb brodats de punt de creu, deso les llesques de pa a la coixinera, la melmelada de móres a l'armari. Llenço per la pica un ditet de cafè i escuro els minuts que has oblidat al fons del plat, humits encara com pinyols de síndria. Després, aboco unes gotes de detergent a l'aigua, i l'aigua creix com una esponja calenta sota les mans que encara tremolen. I aleshores frego els plats, i els minuts, i el vestit olorós de les violetes, com aquell qui de cor recités paraules d'antics sortilegis. Fins que desapareixes dels detalls i és possible respirar de nou sense ferir-se inadvertidament amb l'aire.

33

I clear the table, fold the cotton napkins with cross-stitched embroidery, put the bread back in the bag, the blackberry jam back in the cabinet. I toss a smidgen of coffee into the sink, and clear the minutes you have forgotten at the bottom of your plate, still wet as watermelon seeds. Then I pour a few drops of detergent into the water, and the water expands like a warm sponge under my hands that are still trembling. Then I wash the dishes and the minutes and the violets' fragrant dress, like someone who recites by heart the words of ancient spells. Until you disappear from the details and it is possible to breathe once more without getting hurt inadvertently by the air.

34

Llanço una pedreta a l'aigua, i l'aigua aprèn la paraula *naufragi*.

Passo la mà sobre el paper, i el paper aprèn la paraula *carícia*.

Entro en el mar, i les onades aprenen a dir el meu nom.

34

I throw a pebble into water, and the water learns the word *shipwreck*.

I pass my hand over paper, and the paper learns the word *caress*.

I enter the sea and the waves learn how to say my name.

35

Requereix la màxima atenció, com arrencar-li la pota a una aranya: et lleves a mitjanit, agafes la lletra *m* entre les mans i li sostraus l'últim traç fins a convertir-la en una *n*. L'endemà no hi haurà miracles per implorar, ni maduixes, ni mel, ni moral, ni motius. Cauran els murs i s'acabarà el món. Al principi, semblarà una situació inusitada, però amb els anys acabarem per acostumar-nos a aquestes absències, o a unes altres, o a totes. Semblantment a com l'anell s'acostuma, després de cinquanta anys d'aliança, a viure sense el dit.

35

It requires the utmost attention, like pulling the leg off a spider: You get up at midnight, grab the letter *m* between your hands, and subtract the last stroke until you turn it into an *n*. The next day, there will be no more miracles left to plead for, nor mulberries, nor molasses, nor morals, nor motives. The mountains will fall and the mundane world will end. At first, it might feel like an unusual situation, but over time, we will get used to these absences, or to others, or to all of them. The same way a ring, after fifty years as a wedding band, gets used to living without its finger.

36

¿Recordes els serafins d'aquell fresc romànic que vam estar contemplant a la sala del Mestre de Pedret? Ens miraven de front, les mans esteses, com si es neguessin a morir sota els efectes d'una despigmentació que els anava esborrant del regne de la llum. Ells, símbols d'un amor—hosanna, hosanna, hosanna—que s'escrostona i salta amb el pas del temps. Em vas buidar la vida d'àngels i em vas deixar la clarividència dolorosa del record: tot d'ulls que se m'escampen per les ales, i no volen dormir, i et pensen, i et saben, i et no saben.

36

Do you remember the seraphim in that Romanesque fresco we were looking at in the room of the Master of Pedret? They looked straight at us, hands outstretched, as if they refused to die under the effects of depigmentation that was erasing them from the kingdom of light. They are symbols of love—hosanna, hosanna, hosanna—peeling and leaping with the passage of time. You have emptied my life of angels and left me with the painful clairvoyance of memory: all their eyes scattered on my wings, and they do not want to sleep, and they think of you, and know you, and don't know you.

37

Ello es un recio martirio sabroso.
—Teresa de Jesús, *Libro de la vida*

Em lligues les mans amb saliva, després fas tres voltes a la cintura i t'assegures la victòria amb un nus sense baga. Ets un cargol lligant-li les mans a la pluja. Estripes la nit de qualsevol manera i m'embenes els ulls amb tanta força que l'hàlit s'enfonsa en la seva tundra bromosa. Apareixes, travesses les parets de la cel·la, subjectes el crit amb el crit. Provo de sortir de mi com una cobra sota els efectes narcòtics de la música. Sisplau, digue'm qui ets, tu, que aixi m'has lligat a la mort.

37

This is a rich, mighty martyrdom.
— Santa Teresa de Ávila, *The Book of Life*

You bind my hands with saliva, then go round my waist three times and ensure your victory with a knot with no loophole. You are a snail, binding hands in the rain. You split the night any which way and bandage my eyes with such force that my breath sinks into its misty tundra. You appear, penetrate the walls of my cell, hold down my scream with your scream. I try to get free of myself like a cobra under the narcotic effects of music. Please, tell me who you are, you who in this way has bound me to death.

38

Em poso un barret de feltre negre i surto al balcó. El fanal
esponja la nit amb espores d'oxigen que ajuden a respirar
tanta foscor. Miro enlaire: ¿què ho fa, que els geranis del so-
breàtic resplendeixen encara sota la llum daurada del sol?
Més amunt, els núvols són nítids, l'aire de color blau cel.
Sembla com si Magritte, avui, s'hagués assegut a pintar el
nostre carrer.

38

I put on a black felt hat and step out onto the balcony. The street lamp sponges the night with oxygen spores that help with breathing in so much darkness. I look up: What makes the penthouse geraniums still glow under the sun's golden light? Higher up, clouds are crisp, the air is sky-blue. It feels like Magritte sat down today to paint our street.

39

La inèrcia és una estranya propietat de la matèria. Quan marxes, per exemple, l'aire conserva l'escalfor del teu cos durant una estona, així com la sorra guarda tota la nit la tebior trista del sol. Quan marxes, per continuar amb el mateix exemple, les meves mans persisteixen en la carícia, malgrat que ja no hi ha pell per acariciar, només la carcanada del record descomponent-se al buit de l'escala. Quan marxes, deixes enrere un *tu* invisible adherit a les coses més petites: potser un cabell a la coixinera, una mirada que s'ha entortolligat amb els tirants del desig, una crosteta de saliva a les comissures del sofà, una molècula de tendresa al plat de la dutxa. No és difícil trobar-te: l'amor em fa de lupa.

39

Inertia is a strange property of matter. When you leave, for example, the air retains the warmth of your body for a while, the same way the sand keeps the tepid sadness of the sun overnight. When you leave, to continue along the same line, my hands persist in the caress, despite there no longer being skin to caress, only the carcass of memory decomposing in the stairwell. When you leave, you leave behind an invisible *you* adhering to the smallest things: it might be a hair on the pillow, a look that has gotten entangled with the shoulder straps of desire, a trace of saliva in the corners of the couch, a molecule of tenderness on the shower drain. It is not difficult to find you: love makes me a magnifying glass.

40

Brillen arreu els àngels com mirallets al sol—monedes de coure que s'enfilen per les parets i se'ns amaguen sota la pell—. Brillen debades, però, com una estrella a anys llum del centre gravitatori de la mirada. Sempre tenim a mà alguna cortina per protegir-nos del prodigi, ni que sigui la cortina suau d'unes parpelles que ens ajuden a no veure-hi.

40

Angels shine everywhere, like mirrors in the sun—copper coins that scale walls and get under your skin. They shine in vain, however, like a star that is light years from our gaze's center of gravity. We always have some curtain handy to protect us from wonderment, though it might be the soft curtain of our own eyelids that helps us not to see.

41

S'esquerda i finalment es trenca el plat que em conté, el plat on em recullo cada nit, el plat que sóc, el plat on dono a menjar el que sóc. S'esquerda i finalment es trenca la paraula *plat*, que contenia la paraula *jo*, que contenia la paraula *tu* (mira quin escampall de lletres, com si també s'hagués trencat el diccionari). Tinc la certesa que sóc morta molt abans de contemplar el cos estès a terra. Qui m'ha deixat relliscar d'entre les seves mans, com una safata de porcellana ensabonada? Morir-se així com s'esmicola un plat. I contemplar l'ànima, càlida com sopa, sobre les rajoles que callen.

41

It cracks and finally breaks, the plate that contains me, the plate where I retreat each night, the plate that I am, the plate where I offer what I am for others to eat. It cracks and finally breaks, the word *plate*, which used to contain the word *I*, which used to contain the word *you* (look what a scattering of letters, as if the dictionary had broken as well). I am certain I am dead long before I contemplate my body lying on the ground. Who has let me slip through their hands like a soapy, porcelain tray? To die this way, like a shattered plate. And to contemplate the soul, as warm as soup, on the silent tiles.

42

Hi ha en l'aire una sensació indefinida d'error, com si alguna cosa estigués malament, molt a prop o molt lluny, molt aviat o molt tard. Potser una síl·laba que s'ha desencaixat imperceptiblement del sentit, una articulació que fa mal després de tant caminar per arribar enlloc, la inquietud de la paraula que se'ns perd, de biaix, per una escletxa de la desmemòria. Una sensació indefinida, una estella clavada al fons de les cordes vocals, entre el *sí* i el *no*.

42

There is a vague feeling of error in the air, as if something were wrong, nearby or faraway, very soon or much later. Perhaps it is a mere syllable that has slipped imperceptibly from its meaning, an articulated joint that hurts after so much walking to get nowhere, the disquietude of the word that is lost to us, skewed by a gap in our memory. A vague feeling, a splinter at the base of our vocal cords, in between *yes* and *no*.

43

El meu nom no és nom de flor. No és venerat cap dia de l'any. No admet diminutius tendres que convidin a pronunciar-lo baixet, com un enfilall de sucre candi a l'orella. No prové d'una paraula dignificada pel pas dels segles. No comença per cap de les lletres conegudes, ni per cap de les desconegudes. El meu nom nòmada de noms.

43

My name is not the name of a flower. Nor is it venerated any day of the year. It does not allow for tender diminutives that favor pronouncing it softly, like a string of sugar candy for the ear. It does not come from a word dignified by the passage of centuries. It does not begin with any of the known letters, nor with any of the unknown ones. My name, nomad of names.

44

Ascendeix del camp una olor flonja i lenta, olor de pa, de missa, de divendres. Després de la pluja, la peresa s'enfila per les atzavares i els branquillons de fonoll s'inclinen sota el pes insuportable del propi perfum. Les ferides són tan tendres que la realitat s'amaga sota terra, espantadissa i retràctil com un cargol.

44

A soft, slow smell rises up from the field, the smell of bread, of Mass, of Friday. After the rain, idleness climbs the agaves and the fennel stalks bend under the unbearable weight of their own perfume. Wounds are so tender that reality hides underground, as frightened and retractable as a snail.

45

Quants quilòmetres queden encara per arribar a l'oblit, a la terra promesa on ja no hi siguis per sempre mai? Et mous de nit, avances secretament per les arrels dels objectes, aprofitant la connivència de les ombres. Avances sense aixecar sospites, com els boscos quan dormen els ocells i les aigües. Eres al lloc d'on he fugit aquest matí, seràs al lloc on arribaré aquest vespre.

45

How many miles are there still before reaching oblivion, the promised land where you are no longer forever and ever? You move at night, secretly advancing to the roots of things, taking advantage of the conspiracy of shadows. You advance without arousing suspicion, like forests when birds and waters are asleep. You are in the place from which I fled this morning; you will be in the place where I arrive this evening.

46

Té sis punxes, com una estrella, però no és una estrella. La cullo i la deso a la bossa, al costat del pot de neules, vigilant que no prengui mal amb el groc lacerant de la pinya. Un cop a casa, trio un enlloc preferent on col·locar-la, que estigui ben invisible als ulls de tothom. De vegades, amb el silenci de la nit, se sent passar la llarga caravana de la set: palmeres mil·lenàries, camells foscos com dàtils, vells astròlegs de barbes enfarinades. I és que la realitat és així, o aixà, i no s'hi pot fer més, malcriada i enganyosa. Per aquest motiu hi ha qui ja no la busca, per aquest motiu hi ha qui encara la troba. Vet aquí un nadal incomprensible com la vida mateixa, explicat en sis ratlles, com si fos un poema, però no és un poema.

46

It has six points, like a star, but it is not a star. I pick it up and put it in the bag, next to the box of wafers, taking care it remains unharmed by the lacerating yellow of the pineapple. Once home, I choose a preferred place to put it that is invisible to everyone's eyes. Sometimes, in night's stillness, you can hear the long caravan of thirst pass by: thousand-year-old palm trees, camels dark as dates, ancient astrologers with flour in their beards. Because reality is like this, or like that (what can you do), spoiled and misleading. For this reason, there are those who no longer look for it; for this reason, there are those who still find it. Here is an incomprehensible nativity like life itself, explained in six lines, as if it were a poem, but it is not a poem.

47

Amb les pinces metàl·liques de la intel·ligència, intentàrem llevar el color de la matèria, com qui lleva la membrana gelatinosa que recobreix els òrgans. Provàrem després d'extreure l'escalfor de cada granet de sorra—la paciència de l'un a un—, fins a obtenir un univers domèstic. Aïllar el pronom del verb, fins a deixar només l'os dur de l'infinitiu. Aïllar la bombolla del sabó, fins a deixar només la bellesa de l'esfera que s'envola. Aïllar el dolor del dolor, fins a deixar només el dolor.

47

Using intellect's metal pincers, we made an effort to lift color from matter, like someone lifting the gelatinous membrane covering the internal organs. Then we tried extracting heat from each grain of sand—the patience of one by one—until attaining a domestic universe. Isolating the pronoun from the verb, leaving only the hard bone of the infinitive. Isolating the bubble from the soap, leaving only the beauty of the rising sphere. Isolating pain from pain, leaving only pain.

48

El mirall de casa guarda la memòria de totes les ànimes que s'hi han mirat. Com un lar bondadós, manté viu l'arbre genealògic de la nostra transparència. Cada tarda hi passem per davant, passadís amunt, passadís avall, com si només sabéssim caminar sobre un eix espacial, un rail invisible que anés de nord a sud de la vida. Algun dia, farem un gir de noranta graus i franquejarem el mirall en direcció a l'est.

48

The house mirror retains the memory of all the souls who have gazed at themselves inside it. Like a beneficent tutelary god, it keeps alive the genealogical tree of our transparency. Every afternoon we pass before it, to the hallway upstairs, to the hallway downstairs, as though we only know how to walk on a spatial axis, an invisible rail that goes from the north to the south of our life. Some day, we'll make a ninety-degree turn and cross the mirror toward the east.

49

Drácula, decadente lector del cuerpo de los vivos
  —Nora Catelli, *Testimonios tangibles*

Aquesta nit, mentre dormia, has vingut a llegir els meus llibres. No has encès el llum, no t'has assegut al sofà, no t'has tret els guants, no has fet remor en passar les paraules. Però la teva mirada s'ha quedat adherida a les pàgines com la marca gairebé imperceptible del pintallavis en una copa de cristall de bohèmia. I així, nit rere nit, la meva biblioteca i jo anem perdent la sang de la memòria, sense que cap metge en pugui diagnosticar la causa.

49

Dracula, decadent reader of the body of the living
—Nora Catelli, *Tangible Testimonies*

Tonight, while I was sleeping, you came to read my books. You have not turned on the lamp, have not sat on the couch, have not taken off your gloves, have not made a sound while leafing through the words. But your gaze has adhered to the pages like the almost imperceptible trace of lipstick on a crystal goblet from Bohemia. And thus, night after night, my library and I go on losing the blood of memory, without any doctor being able to diagnose the cause.

50

Sostens un bocí de vidre trencat entre l'índex i el polze. A l'ànima estan tocant les dotze del migdia i algú mormola *és l'hora de l'àngelus*. El sostens amb paciència, fins que la llum, les campanes i les ales convergeixen en un únic punt sensible al dolor. I en l'aire s'incendia un ocell.

50

You hold up a piece of broken glass between your index finger and thumb. It is chiming twelve noon in your soul and someone murmurs, *It is the hour for reciting the Angelus prayer*. You hold up the glass sliver patiently until light, bells, and wings converge in one point uniquely sensitive to pain. And in the air a bird blazes up.

51

Les flors del jardí parlen en veu tan baixa que es fa difícil endevinar què diuen. ¿Seran tal vegada diàlegs d'amor, diàlegs socràtics que mantenen amb els insectes de llargues barbes, pesants i taciturns damunt l'elasticitat dels pètals? S'ondulen les cordes vocals de la llum, els rínxols sonors de l'aigua. Però arriba la ronda del record i trepitja les flors amb rudes bótes de sentinella. I em deixa asseguda—trista venedora de mistos—fora del llindar auditiu de la felicitat.

51

Garden flowers speak in such hushed tones that it is difficult to parse what they are saying. Could they be dialogues of love, perhaps, Socratic dialogues they hold with long-bearded insects, heavy and reserved, resting on swaying petals? Light's vocal cords undulate, as do the sonorous curls of water. But the memory patrol turns up and treads on the flowers with rough sentry boots. And I am left seated—sad little match girl—outside the audible threshold of happiness.

52

Amb els palmells de la mà exploro el fons de l'ànima. Fred i pla com una làpida a l'ala més ombrívola de l'església, duu una inscripció en relleu. Hi passo els dits una vegada i una altra, fins a llegir-la. Així, gràcies al tacte, esbrino qui sóc.

52

With the palms of my hands I explore the base of my soul. Cold and flat as a headstone in the darkest wing of the church, it bears an inscription in relief. I pass my fingers over it again and again, until I can read it. And so, thanks to the sense of touch, I discover who I am.

53

Retalles paraules boniques per la línia de punts, com si fossin vestidets de paper de diferents mides i colors—un de festa, un d'esport, un de feina, un de nit—, i després les vas ajustant al cos d'aquestes nines de cartolina que somriuen damunt la taula. Ella, jo, qui sap.

53

You cut out pretty words along the dotted line, as if they were little paper dresses in different sizes and colors—one for parties, one for sports, one for work, one for evening—and then you arrange them on the bodies of the smiling paper dolls on the table. She, I, who knows.

54

Bufa incansable el vent sobre el món, com si tingués la secreta intenció de deshabitar-lo. Es vinclen els arbres i els àngels s'estremeixen entre les fulles verdaurades. S'arquegen les esquenes com s'arquegen les preguntes quan no volen eixir de la boca. A cada ràfega, la intermitència fosforescent d'una cuca de llum que s'encén i s'apaga, s'encén i s'apaga. Per a quants de nosaltres, en canvi, aquesta serà l'última nit?

54

The wind blows relentlessly over the world, as if it had the secret intention of deserting it. Trees bend and angels tremble among the green-gold leaves. Backs arch the way questions arch when they don't want to leave our mouths. At each burst, the phosphorescent blinking of a firefly that turns on and off, on and off. Then again, for how many of us will this be our final night?

55

¿Què hi ha, en l'espai en blanc que separa la lletra *a* de la *b*? Què hi ha, entre dos fotogrames que se succeeixen, gairebé idèntics? I entre aquesta gota, i la següent, i l'altra, tan unides que diries que avancen agafades de la cintura? I entre el pensament vell que mor i el pensament nou que neix? Sovint la vida calla amb silencis minúsculs, cicatrius quasi inaudibles, petites esquerdes on s'acumula el no ser, el no nom, la no gota, el no pensament. Fins que vessa el buit, de tan ple.

55

What is there, in the white space that separates the letter *a* from the letter *b*? What is there, between two frames of film that are almost identical? And between this drop, and the next, and the one after, so united you might say they advance, clasping each other's waist? And between the old thought that is dying and the new thought that is being born? Life often goes quiet with miniscule silences, almost inaudible scars, small cracks accumulating into no-being, no-name, no-drop, no-thought. Until the emptiness spills over from being so full.

56

Cambra, castell, conquilla o didal: trobar, amb el temps, un espai propi on viure; un espai, posem per cas, que tingui la mida exacta de la llum—ni més gran, que hi cabrien les ombres, ni més petit, que no hi cabria el pa—. I aleshores empènyer la porta amb suavitat, i acomodar la veu a l'alçada del sostre, i despullar-se fins a l'arrel última del vestit, i aprendre a somriure de finestra a finestra, com si l'alegria es dilatés amb l'escalfor groga del sol. I després, en un ritual necessari, empassar-se la clau per pura gratitud.

56

Chamber, castle, conch, or thimble: to find, eventually, your own space in which to live; a space, let us say, that has the exact dimensions as light—neither too big, since then shadows would fit inside, nor too small, since then a piece of bread would not fit inside. Then, to push open the door gently, and allow your voice to reach the height of the ceiling, and undress down to the last shred of clothing, and learn to smile from window to window, as if joy expands with the sun's yellow warmth. Afterwards, in a necessary ritual, to swallow the key out of pure gratitude.

57

El monjo, vestit de color safrà, colpeja la vora del bol amb la maça de fusta. I l'aire es torna elàstic per millor acollir la ressonància expansiva del metall. Una, dues, tres vegades. Després, pren cura del so, el prolonga, l'alimenta amb el seu propi silenci. Fins que les ones concèntriques agiten les parets opalines de l'ànima, bells cortinatges rere els quals s'oculta la ciutat prohibida d'ell mateix.

57

Dressed in the color saffron, the monk strikes the edge of the bowl with the wooden mallet. And the air becomes elastic to allow for the expansive resonance of metal. Once, twice, three times. Afterwards, he takes care of the sound, prolongs it, nourishes it with his own silence. Until the concentric waves stir up the opalescent walls of his soul, beautiful drapery behind which lies hidden the forbidden city of himself.

58

La felicitat s'assembla a un monosíl·lab. Per la seva sen-
zillesa estructural. També, per la brevetat amb què ens visita
la boca.

58

Happiness resembles a monosyllable. Due to its structural simplicity. Also, due to the brevity with which it visits our mouth.

59

Endreço les peces del meu esquelet, com si fossin les vint-i-vuit fitxes del dòmino. No sempre és fàcil encaixar foscor amb foscor, claror amb claror, encertar la juntura exacta que ha de sostenir el pes feixuc de la identitat. Nit rere nit, hi torno. Fins que la matinada em col·loca damunt la pell el doble blanc de la llum i puc tancar la partida.

59

I arrange the pieces of my skeleton, as though they were the twenty-eight domino tiles. It is not always easy to fit dark with dark, light with light, finding the exact joint that has to withstand the burden of identity. Night after night, I return. Until dawn puts down the double-blank of light on my skin and I can quit the game.

60

La boca és petita per a segons quina paraula. El silenci, en canvi, és immens com un vell casalot familiar: tot hi cap, i tot s'hi perd.

60

The mouth is small, depending upon the word. Silence, however, is immense, like an old homestead: within it everything fits, and everything is lost.

Notes

The epigraph to the collection appears in Spanish: "¿Y cómo es posible no saber tanto?" (Alejandra Pizarnik, *Extracción de la piedra de locura*).

Poem 21: These lines from Eugénio de Andrade appear in the original Portuguese in Gorga's poem: *"não sei doutra glória, doutro / paraíso: à sua entrada os jacarandás / estão em flor, um de cada lado—."*

Nazarene refers to the purple color of the penitential robes worn by the religious brotherhood called the Nazarenes (or penitents) during the Holy Week procession in Seville.

Poem 36: Fresco of the Apse of Santa Maria d'Àneu, by the late 11th-century artist known as the Master of Pedret. The fresco (transferred to canvas) is now in the Museu Nacional d'Art de Catalanya (MNAC); a section is reproduced on the cover of this book

Poem 37: The epigraph appears in Spanish: "Ello es un recio martirio sabroso" (Teresa de Jesús, *Libro de la vida*).

Poem 49: The epigraph appears in Spanish: "Drácula, decadente lector del cuerpo de los vivos" (Nora Catelli, *Testimonios tangibles*).

Poem 50: The Angelus prayer is recited by Catholics to affirm the divine incarnation. It takes its name from the opening line in Latin: *Angelus Domini nuntiavit Mariæ* ("The Angel of the Lord declared unto Mary...").

Acknowledgments

I am grateful to the editors of the following journals, where some of these prose poems have been published, sometimes in earlier versions: *American Poetry Review*, *Circumference* (online), *Hayden's Ferry*, *Image*, *Interim* (online), *jubilat*, *Life and Legends* (online), *Menage* (online), *New England Review*, *PEN online Feature*, *Poetry International*, and *Washington Square Review*. Several poems also appeared in *Short Circuits: Aphorisms, Fragments, and Literary Anomalies*, edited by James Lough and Alex Stein (Schaffner Press, 2018).

With gratitude to the PEN/Heim Translation Fund Grant, for their recognition and encouragement of my work as well as for the monetary support that enabled me to complete this project. Also, thank you to Mireia Estrada and Jiwar, where I first encountered Gemma Gorga's poetry, to The MacDowell Colony, where I revised these translations, and to Martha Collins for her astute editorial comments. Thank you, also, to David Young, David Walker, and Marco Wilkinson at Oberlin College Press. Finally, my deepest gratitude is to Gemma Gorga, whose kind patience in answering my questions was boundless. If not for her and her luminous poems, this translation would not exist.

The translation of this work has been supported by the Institut Ramon Llull.

LLLL institut ramon llull

Catalan Language and Culture

About the Author and Translator

Gemma Gorga was born in Barcelona in 1968. She has a Ph.D. in Philology from the University of Barcelona, where she is Professor of Medieval and Renaissance Spanish Literature. She has published six collections of poetry: *Ocellania* (*Birdology*, Barcelona, 1997); *El desordre de les mans* (*The Hands' Disorder*, Lleida, 2003); *Instruments òptics* (*Optical Instruments*, València, 2005); *Llibre dels minuts* (*Book of Minutes*, Barcelona, 2006), which won the Premi Miquel de Palol in 2006 and appeared in a Catalan/Spanish bilingual edition (*Libro de los minutos y otros poemas*, València, 2009, translated by V. Berenguer); *Diafragma* (*Diaphragm*, Girona, 2012) in collaboration with photographer Joan Ramell; and *Mur* (*Wall*, Barcelona, 2015), which won the Premi de la Crítica de Poesia Catalana for the best book of poetry published in Catalan for that year.

Sharon Dolin is the author of six poetry collections, most recently *Manual for Living* (2016) and *Whirlwind* (2012), both from the University of Pittsburgh Press. Her other books are: *Serious Pink* (Marsh Hawk Press, 2015 reissue); *Burn and Dodge* (University of Pittsburgh Press, 2008), which won the AWP Donald Hall Prize for Poetry; *Realm of the Possible* (Four Way Books, 2004); and *Heart Work* (Sheep Meadow Press, 1995). Her other awards include the Witter Bynner Fellowship from the Library of Congress, a Fulbright Fellowship, a Pushcart Prize, and a Drisha Arts Fellowship. She taught at the Unterberg Poetry Center of the 92nd Street

Y for twenty years and co-founded and directed The Center for Book Arts Annual Poetry Chapbook Competition. She won a 2016 PEN/Heim Translation Fund grant for her translation of Gemma Gorga's *Book of Minutes.* She lives in New York City, and directs and teaches in the international workshop Writing About Art in Barcelona each spring.

The FIELD Translation Series

Rainer Maria Rilke, *The Unknown Rilke: Expanded Edition* (translated by Franz Wright)

1991   Marin Sorescu, *Hands Behind My Back* (translated by Gabriela Dragnea, Stuart Friebert, and Adriana Varga)

1992   Novica Tadić, *Night Mail: Selected Poems* (translated by Charles Simic)

1994   Rainer Maria Rilke, *The Book of Fresh Beginnings: Selected Poems* (translated by David Young)

1995   Yannis Ritsos, *Late Into the Night: The Last Poems* (translated by Martin McKinsey)

1996   Miroslav Holub, *Intensive Care: Selected and New Poems* (various translators)

1997   Attila József, *Winter Night: Selected Poems* (translated by John Bátki)

1999   Max Jacob, *Selected Poems* (translated by William Kulik)

2001   Vénus Khoury-Ghata, *Here There Was Once a Country* (translated by Marilyn Hacker)

2004   Eugenio Montale, *Selected Poems* (translated by Jonathan Galassi, Charles Wright, and David Young)

2005   Inge Pedersen, *The Thirteenth Month* (translated by Marilyn Nelson)

2006   Herman de Coninck, *The Plural of Happiness: Selected Poems* (translated by Laure-Anne Bosselaar and Kurt Brown)

2009   Emmanuel Moses, *He and I* (translated by Marilyn Hacker)

2011   Georg Trakl, *Poems* (translated by Stephen Tapscott)

2013   Pierre Peuchmaurd, *The Nothing Bird: Selected Poems* (translated by E. C. Belli)

2016   Emmanuel Moses, *Preludes and Fugues* (translated by Marilyn Hacker)

2018   Edoardo Sanguineti, *My Life, I Lapped It Up: Selected Poems* (translated by Will Schutt)

2019   Gemma Gorga, *Book of Minutes* (translated by Sharon Dolin)